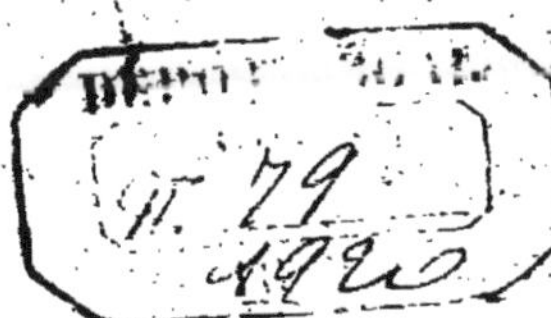

Enfants de Sancoins

MORTS

Pour la France

PRIX : UN FRANC

BOURGES

IMPRIMERIE Vᵉ TARDY-PIGELET ET FILS

15, rue Joyeuse, 15

1919

ENFANTS DE SANCOINS

MORTS POUR LA FRANCE

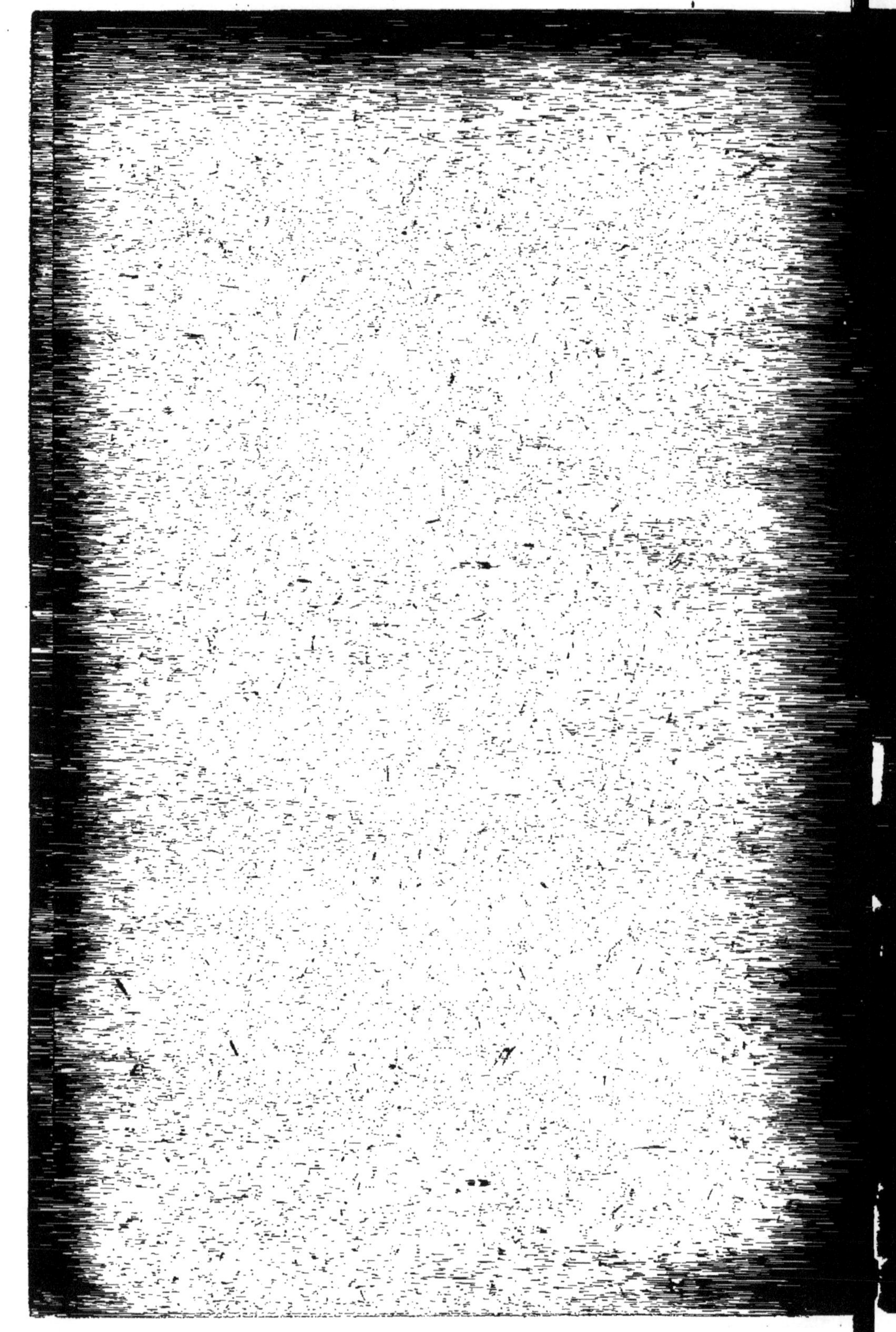

PAROISSE
DE SANCOINS

Enfants de Sancoins

MORTS

Pour la France

PRIX : UN FRANC

BOURGES

IMPRIMERIE Ve TARDY-PIGELET ET FILS

15, rue Joyeuse, 15

1919

Morts pour la France

◦ ◦ ◦ ◦

Le jeudi 27 mars 1919, la paroisse de Sancoins célébrait à l'intention de tous ses enfants morts pour la France, un service solennel auquel toutes les classes de la société étaient représentées. L'union sacrée s'affirmait dans cet hommage public mêlé de vénération et de prière rendu par la religion aux héros de la guerre, comme elle s'était affirmée, dès le début de la sanglante tragédie, par la fondation et l'entretien de l'hôpital militaire, comme elle s'affirme encore aujourd'hui dans le soulagement des veuves de guerre et des pupilles de la nation.

Avant le chant du *Libera*, M. le curé monta en chaire et dans une allocution rédigée sous forme de journal de guerre, exalta ceux de nos compatriotes dont le sang valut à la France la plus glorieuse et, espérons-le, la plus féconde des victoires qu'aient jamais enregistrées les annales de l'humanité. C'est cette allocution que nous publions ici en entier, et en faisant remarquer qu'y figurent seulement les noms fournis à M. le Curé par les familles intéressées.

***

Samedi matin 1er août 1914. — On recueille sur toutes les lèvres, on lit dans tous les yeux ce seul mot : la guerre. Et chacun souffre déjà de toutes les souffrances qu'il sent prochaines et universelles.

Samedi soir : 4 heures. — Les dernières illusions tombent ; le tambour publie l'ordre de mobilisation générale. Mais à l'abattement des jours précédents succède un sentiment de fierté causé par la pensée des gloires qui seront, s'il plaît à Dieu, la juste récompense d'une lutte que nous n'aurons pas entamée.

Dimanche 2 août. — Pendant que les mobilisés partent quelques-uns après avoir bu à la Sainte Table le divin coup de l'étrier qui fortifie et rend immortel, les mères, les épouses et les enfants, le cœur déchiré et les yeux baignés de larmes, viennent à l'église adresser une muette prière pour ceux que le devoir appelle. Et je commente au prône la parole de Notre-Seigneur : *Ego sum. Nolite timere.* Je suis là. Ne craignez rien. Je n'appartiens pas à cet Attila qui dispose à tout hoquet de moi. Ce n'est pas lui, s'il m'en faut un, que je prendrai pour mon fléau. Mes bras ne sont pas étendus pour diriger et bénir sa déloyale épée. Ils sont ouverts tout grands pour la France, la fille aînée de mon Église, la privilégiée de mon Sacré-Cœur et de ma mère, la France de tous les temps.... Confiance. Vous qui faites la guerre que vous ne vouliez pas, allez-en paix dans la bataille. J'aiderai.

Dimanche 9 août. — Le journal porte en lettres de triomphe ces mots prodigieux : Les Français en Alsace. Et nous nous nourrissons, sans nous rassasier, de l'inscription flamboyante. Mais nous prévoyons qu'il y aura encore bien des remous d'angoisse et des fluctuations de souffrances avant que nous puissions clamer notre joie à la face d'un ciel serein.

Septembre. — On commence à dire que la guerre sera longue et qu'à la confiance obstinée des premiers jours il faut savoir joindre une vertu qu'on dit ne pas appartenir à notre tempérament national, mais que les circonstances imposent : la patience. Aussi bien tous ceux qui ne se battent pas, tous ceux qui, loin des armées vivent aux aguets de la prochaine nouvelle, ont-ils un passe-temps, un travail, un remède : quelque chose qu'on ne trouvait auparavant que dans les écoles et dans les gares, et qui est aujourd'hui accroché à tous les murs, quelque chose qui ne nous offrait jusqu'ici qu'une physionomie abstraite, pâle et froide, et dont la vue aujourd'hui nous attendrit, nous fait défaillir et puis nous ranime : ce quelque chose, c'est la carte sacrée de la France.

Octobre. — Confiance ! Patience ! Et aussi Courage ! Ô parents dont l'âge ne porte pas cinquante ans d'existence mais dont les traits bouleversés révèlent un siècle de douleurs, épouses qui voudriez savoir et ne pas savoir, jeunes filles qui cousez en soupirant, vous tous qui debout allez et venez comme des somnambules, dans la monotonie d'un drame sans nom, sans précédent et sans fin, courage ! car la liste est longue des victimes que notre paroisse a immolées en ces premiers mois de guerre sur l'autel de la patrie :

Le caporal Maurice TOUZELET (119)[1], disparu à Blamont le 15 août ;

Étienne CAMUS (29), disparu à Gosselmingen le 20 août ;

Gilbert DIONNET (57), mort le même jour à Saint-Jean-de-Basselle (Lorraine) ;

Le caporal Jean CARRÉ (31), mort à Ham-sur-Sambre (Belgique), le 22 août ;

Le sergent Armand BITAUD (15), mort à Rozelieures (Meurthe-et-Moselle), le 25 août : Participait avec sa demi-section à l'attaque du village occupé par les Allemands. Blessé de deux balles, n'en continua pas moins de combattre jusqu'à ce qu'une troisième balle, l'atteignant en pleine tête, le tua net ;

Pierre DÉRU (52) et Félix PETITJEAN (103), morts ce même jour au même combat de Rozelieures ;

Antoine DAMBRE (42), mort à Clézentaines, le 26 août ;

Jules JOUFFROY (77), tué à l'ennemi à Saint-Benoît (Vosges), le même jour ;

Le caporal Marcel MARTINAT (87), tué à l'ennemi à Vennezey (Meurthe-et-Moselle), le 29 août ;

Charles SASSIGNEUX (113), décédé le 3 septembre à Giriviller (Meurthe-et-Moselle), des suites de ses blessures ;

Pierre BERNARD (11), mort le 11 septembre à Saint-Sierremont (Vosges), d'un éclat d'obus à la poitrine ;

Le chef de bataillon Louis-Léopold-Marie DU PRAT (61), blessé le 5 septembre au bois Baruch, près Lunéville et mort à Vittel le 18 des suites de ses blessures ;

Pierre CORNIER (40), disparu le 25 septembre à Tracy-le-Val ;

----

1. Le nombre qui suit chaque soldat indique son numéro au répertoire alphabétique.

Gaston PROTAT *(103 bis)*, tué à Sarrebourg, le 28 septembre ;

Jean MINARD *(94)*, mort le 28 septembre des suites de ses blessures, au poste de secours de Mécrin (Meuse) ;

Le caporal Jean BOUDEAU *(20)*, tué à l'ennemi dans un assaut à la Forêt d'Apremont, le 6 octobre ;

Ulrich PARODAT *(99)*, disparu à Bully-Grenay le 8 octobre ;

Louis DUCLOUX *(59)*, mort à Doullens des suites de ses blessures le 11 octobre ;

François BARBEROUSSE *(4)*, tué le 20 octobre à La Bassée ;

Philippe BORDIER *(19)*, mort sur le champ de bataille du Bois-Brûlé (Meuse), le 21 octobre ;

Julien BONNEAU *(18)*, mort le 23 octobre à Saint-Calais (Sarthe), des suites de blessures ;

Jean DESFOURNEAUX *(55)*, porté disparu à Mouchy (Pas-de-Calais), le 29 octobre et dont la mort a été officiellement annoncée trois mois après ;

Prosper SUREAU *(116)*, mort le même jour à Sampigny ;

Pierre MINARD *(95)*, mort à Lyon le 31 octobre : proposé pour la Légion d'honneur.

Pierre VIRMOUX *(125)*, tué à l'ennemi le 5 novembre à Bosingle-Norvemezel (Belgique).

Félix CONTANT *(38)*, tué à l'ennemi à Saint-Éloi (Belgique), le 9 novembre ;

Théodule GAURIAT *(66)* et Pierre BASSEVILLE *(6)*, disparus en ce même endroit, le 10 novembre ;

Jean LŒILLET *(86)* et Gaston BRUNEAU *(25)*, morts tous les deux de la fièvre typhoïde, l'un à Commeroy le 27, l'autre à Bar-le-Duc le 28 novembre ;

Pierre PETIT *(102)*, tué le 12 décembre d'un éclat d'obus à la tête au bombardement de Courcelles-les-Bois (Meuse).

Honneur à tous ces braves, morts pour la France ! oui, honneur à tous, mais permettez-moi d'adresser un hommage particulier aux *disparus*, c'est-à-dire à ceux qui, à partir d'une certaine date, ont cessé de donner signe de vie, sans que, malgré toutes les recherches, on ait jamais eu ensuite

un seul indice et le moindre détail relatifs aux circonstances
et à la façon dont ils ont été rayés du nombre des humains.
Leur famille désemparée se sentira éternellement coupée
d'eux, plus privée de leur absence que si l'on savait où se
trouvent leurs restes inanimés. Car c'est une oppression à
nulle autre pareille que d'être dans le vague et de répéter
sans relâche : où sont-ils ? Ici ? Là ? Plus près ? Plus loin ?
En Alsace ? Dans les Vosges ? dans l'Aisne ? dans la Marne ?
dans les craies de Champagne ? dans les dunes de Flandre ?
En haut ? En bas ? On s'est battu à tant d'endroits que l'on
est mort un peu partout. Comment savoir ? Quel embarras ?
Les soupirs montent aux lèvres et les larmes aux yeux.
Arrêtons-les. Dominons-nous. Regardons ces morts sans
fléchir et ne les plaignons pas. Personne ne peut profaner
leurs restes insaisissables. Ils échappent aux méfaits des
survivants, aux caprices de l'ingratitude et leur dépouille
n'ayant pas reçu d'éphémères honneurs sera plus longtemps
vénérée. Ils auront les soins assidus de la nature dont le
zèle tranquille jamais ne cesse ni ne se ralentit. Sur eux
l'herbe verte, les fleurs, la neige et les feuilles mortes seront
toujours renouvelées. Aussi ne pourra-t-on plus fouler un
champ, se baisser sous une branche, traverser une prairie,
ou regarder simplement à terre sans ranimer l'image incon-
nue de ces morts et les envelopper d'un grand manteau
d'amour. Nous les sentirons plus mêlés à notre vie, plus
libres, ayant des coudées plus franches que s'ils étaient
relégués dans l'enceinte d'une nécropole. Ils feront partie
des saisons. Et à l'époque des récoltes prochaines dans les
provinces reconquises ou libérées, devant un blé plus beau,
devant une vigne plus lourde, on dira : Ce blé qui mûrit
vient du fond de leurs entrailles. Le vin de cette grappe
est le sang de leur cœur.

**

1915. — Une nouvelle année commence. Elle est. Elle
sera. Nul ne peut l'empêcher. Mais que sera-t-elle ? C'est le
secret de la Providence. Ne cherchons pas à le pénétrer ;
et surtout ne nous demandons jamais quand cela finira.
Question vaine, insidieuse, désarmante. Faisons notre
devoir, et Dieu fera le reste. Ne nous prêchent-ils pas l'exemple
ceux qui à ce début d'année donnent là-bas joyeusement
pour étrennes leur sang à la France ?

Jean THÉVENIN (117), tombé au Bois de la Louvière
(Meuse), le 1ᵉʳ janvier;

Jean BARCELONE *(5)*, disparu le 3 janvier à Steinbach (Haute-Alsace) ;

Ernest BLANC *(16)*, blessé à Steinbach le 25 décembre et mort à Bussang (Vosges), le 6 janvier ;

Dimanche 7 février : Jour de prières prescrit par le Souverain Pontife aux catholiques du monde entier. Nous demandons à Dieu bien renseigné sur la justice de notre cause qu'il favorise nos armes et nous permette de conclure, à l'heure qu'il jugera bonne, la paix, la paix glorieuse dont nous croyons être dignes et que nous pensons bien jusqu'au bout mériter. En attendant le sacrifice continue.

Jean CHAMPOMMIER *(32)*, tué de deux balles à la tête, à Notre-Dame de Lorette (Pas-de-Calais), le 8 mars ;

Jacques DAYRAIGNE *(45)*, tué par un obus à la tête, le 19 mars, au col de la Bassus ;

Joseph MORILLON *(96)*, mort le même jour à l'hôpital militaire de Bourges de la rougeole et de la diphtérie ;

Nicolas COMBE-MOREL *(37)*, tué à Dompierre, près d'Arras, le 31 mars ;

Henri BELLERET *(8)*, disparu à Lizerne (Belgique), le 26 avril ;

Georges ROGER *(109)*, mort à l'hôpital militaire de Nancy, le 2 mai, de la fièvre typhoïde ;

Victor TOUZET *(120)*, mort de maladie à Dol-en-Bretagne, le 17 avril ;

Claude MILLIEN *(92)*, mort à La Flèche des suites de ses blessures le 28 mai ;

Pierre GUÉDARD *(68)*, tué à l'ennemi, à Notre-Dame de Lorette, le 6 juin ;

Eugène GALMARD *(65)*, mort à Nevers, de congestion pulmonaire, le 11 juin ;

Adolphe LÉGUILLE *(82)*, mort le 12 juin ;

Le caporal-fourrier Pierre JOSSET *(75)*, mort à l'ennemi, le 18 juin 1915, à Sondernach (Haute-Alsace) ;

Édouard BUCHMULLER *(26)*, tué d'un éclat d'obus à Bully-Grenay (Pas-de-Calais), le 19 juin, pendant qu'il travaillait à la construction d'une tranchée en avant des premières lignes. Cité à l'ordre du régiment. Croix de guerre.

Le caporal mitrailleur Robert VALET *(113)*, glorieusement tué le 25 juin à son poste de combat au Wustenrung, commune de Sondernach (Haute-Alsace).

Et la liste s'allonge indéfiniment de ceux qui, selon la tournure encourageante de Bossuet « sont transmis à la gloire » ;

Louis AMIZET *(2)*, tué à l'ennemi au bois de la Vaux-Ferry, le 7 juillet ;

Jules GIRAUD *(69)*, mort à l'hôpital Laennec (Paris), de blessures reçues et de maladie contractée au front ;

Pierre SANVOISIN *(110)*, tombé le 14 juillet au bois de la Grurie (Marne), au cours d'une attaque à la baïonnette ;

Gilbert PERCEAU *(100)*, tué à l'ennemi à Souchez, le 7 août ;

Léon MESSET *(88)*, a débuté comme simple musicien ; est passé, sur sa demande dans une compagnie de combat ; a acquis par sa belle attitude au feu et sa haute valeur morale, tous ses galons jusqu'au grade de sous-lieutenant ; est tombé bravement, le 31 août, tué par un obus au bois de la Louvière, près de Marbotte : croix de guerre ;

Henri CHOPIN *(34)*, tué par un obus le 2 septembre, à Golbach (Alsace).

23 septembre 1915, 9 h. 15. — L'offensive de Champagne commence. Septembre est le mois des vendanges, la Champagne est le royaume du vin. En même temps que les raisins tombent dans les paniers au son du canon, les grappes allemandes s'empilent écrasées sous le pressoir de notre artillerie. Hélas ! La leur fait aussi des ravages chez les nôtres !

André VIRMONT *(124)*, disparaît à Souain le 25 septembre ;

Vincent DORSEMAINE *(58)*, tombe le même jour au fortin de Beauséjour ;

Pierre LALANDE *(79)*, le 27 à Souchez-Givenchy ;

Camille LAUDAT *(81)*, le 28 à la Croix-Saint-Jean (Meuse) ;

Jean DUMONT *(60)*, est blessé à la jambe le 29 en établissant la liaison sur 200 mètres en terrain découvert et est mort de ses blessures le 3 octobre à Revigny ;

Jules DESBRUÈRES *(53)*, a été tué à l'ennemi le 20

octobre au combat du bois de Soussoir à Perthes-les-Hurlus (Marne) ;

Pierre JOUANET *(76)*, tué à l'ennemi le 21 octobre à Minaucourt (Marne) ;

Et Antoine PAILLERET *(98)*, le 23 décembre à Sudel-kopf (Alsace).

⁂

1916. — Nous nous flattions que l'an dernier verrait la fin de nos tourments. Et cependant la guerre est toujours là. Si longtemps qu'elle doive durer, faisons le serment de l'avoir toujours présente à l'esprit et n'imitons pas ceux qui après avoir atteint, au prix de maints efforts, le point de calme et de sagesse, l'état de tranquillité ferme et d'accep-tation nécessaire, glissent insensiblement dans l'indifférence, la mélancolie, l'ennui, la lassitude, et commencent à se lancer dans les aventures de l'oubli, dans la recherche du plaisir et de l'étourdissement. Attendons, nous, pour oublier la guerre, que les canons se taisent. Nous l'oublierons bien assez tôt quand elle sera finie. Ne nous semble-t-il pas enten-dre d'ici les canons de Verdun ? Aussi nos compatriotes tombés à cette époque sont-ils tous, à part

Eugène VALENTIN *(122)*, mort à l'hôpital Bautzen-Touvenot de la fièvre typhoïde, le 25 février et Alfred QUANTIN *(104)*, mort à Nevers, le 12 mai d'un accident en service commandé,

des héros de Verdun :

Le caporal Marcel LEROUGE *(83)*, enseveli par un obus au Bois-Deville (Meuse), le 21 février ;

Ludovic DALAUDIÈRE *(41)*, tué par de nombreux éclats d'obus, le 6 mars ;

Jean JAMET *(73)*, tué par un éclat d'obus, le 8 avril ;

Henri CONTANT *(39)*, caporal, tué à la Vaux-Ferry (Meuse), le 24 avril ;

Pierre GAZUT *(67)*, décoré de la Croix de guerre, mort le 26 avril à l'ambulance de Brocourt des suites de blessures reçues le 24, à la défense de Verdun ;

Paul CHAUCHARD *(33)*, tué à Verdun, le 28 avril ;

Pierre-Émile DAYRAIGNE *(46)*, mort à Chaumont

(Haute-Marne), des suites d'une commotion produite par la violence du bombardement ;

L'adjudant-chef ERNEST DELARSE (49), des Pères Blancs d'Alger, promu sous-lieutenant, disparu blessé dans la tranchée au Mort-Homme le 19 mai ;

Le caporal GILBERT BERTHET (12), tué par une torpille à son poste de combat le 23 mai et ADOLPHE BUREAU (27 bis), tué d'une balle dans la tête, à Rupt devant Saint-Mihiel, le 5 Juin 1916 ;

ANTOINE DESCHAMPS (54) blessé au ventre et aux jambes par éclats d'obus, le 9 juin 1916 ;

Le sergent ANDRÉ-GABRIEL LÉVEILLÉ (84), tombé devant Verdun en première ligne d'une balle en plein front, le 22 juillet.

Et aux héros de Verdun viennent se joindre bientôt les héros de la Somme :

ÉMILE-PATIENT REBOULOT (106), tombé au champ d'honneur et mort des suites de ses blessures le 1er août à Assevillers (Somme) ;

FRANCIS-FRANÇOIS JAMET (72), blessé le 5 septembre à l'attaque de Lyons (Somme), d'un éclat d'obus au visage et mort le 11 septembre des suites d'une opération.

RAYMOND DAUZAT (44), soldat brave et dévoué, toujours volontaire pour les missions périlleuses, tué par un éclat d'obus de 105 le 19 septembre à Vermandovillers (Somme), en faisant l'aménagement des tranchées conquises la veille.

LOUIS-ANTOINE LAMOUROUX (80), mort à Bouchavesnes (Somme), le 20 septembre ;

Le maître pointeur CHARLES DECORTIAT (47), mortellement blessé à son poste le 26 septembre ;

CLAUDE MINARD (93), tué à Cappy (Somme), par une bombe d'avion, le 19 octobre ;

PIERRE BERGERAT (9), tué à Combles par de multiples éclats d'obus le 12 octobre ;

PIERRE BERTRAND (13), tué à l'ennemi, à Flaucourt (Somme), le 4 novembre ;

Le sergent ALBERT BOUTRY (22), mort à l'ennemi le 14 octobre ; Croix de guerre.

GEORGES BOUTAUD (21), brancardier divisionnaire, blessé grièvement le 4 novembre en allant relever un camarade. La plaie pénétrante produite par la balle à la base du poumon gauche a déterminé une pleuro-pneumonie infectieuse qui a entraîné la mort le 15 novembre. L'année 1916 se termine par l'aviateur Jacques DEISSARD *(48)*, mort à l'hôpital militaire de Lyon, le 24 décembre d'une congestion pulmonaire contractée en service.

1917. — Serait-il possible que l'arrière se décourage le premier ? Nous n'avons plus de gâteaux ; mais là-haut ont-ils toujours de la soupe bien chaude ? Le charbon manque et le bois est hors de prix ! Voudrions-nous nous chauffer à l'incendie de nos maisons ? Nous vivons dans les ténèbres ; allons donc là-haut faire provision de gaz asphyxiants et de fusées éclairantes. Les restrictions compromettent notre santé ; mais dussions-nous en mourir, aurions-nous le droit de nous plaindre, nous dont les parents et amis empressés autour de notre oreiller chercheront à nous atténuer les aigreurs de ce moment critique, alors qu'ils sont presque toujours loin et seuls les soldats qui tombent pour ne plus se relever. Et même ceux qui ont pu rendre le dernier soupir au milieu de leurs camarades, en recevant le baiser d'un chef, d'un ami, la bénédiction d'un prêtre, ont franchi néanmoins l'étape sans que le baume de la tendresse familiale ait rafraîchi leur front. Ah ! la mort nous épouvante, pauvres civils ou embusqués de l'arrière. Eux ils s'en sont constitués les volontaires. Ils n'ignorent pas la part considérable qu'elle occupe dans leur entreprise dont elle est à la fois le premier danger, le plus grand sacrifice et le plus pur honneur. Néanmoins sans attendre son appel, ils le devancent. Tous ne la recherchent pas, mais nul ne songe à l'éviter et personne ne la craint. Chacun la méprise, beaucoup la bravent, quelques-uns même l'abordent si hardiment qu'ils la font reculer. Et à peine en sont-ils atteints qu'ils n'en sont pas surpris. Voilà si longtemps que de partout, du matin au soir, ils la regardent venir. Sans lui adresser de reproches, sans malédictions, ni plaintes, ni soupirs, ils se laissent loyalement tomber dans ses bras avec la conscience profonde et magnifique de n'être pas joués, de ne pas perdre la partie, mais de se plier jusqu'au bout à l'exécution d'un pacte solennel qu'ils signeraient encore.

Ils s'appellent en 1917 :

Clément SARRAZIN *(111)*, mort à Verdun, le 4 janvier

François LAFOND *(78)*, mort à Bordeaux, le 8 février d'un accident en service commandé ;

Gilbert PETIT *(101)*, mort à Sancoins, le 28 février, de tuberculose pulmonaire contractée dans le service ;

Le sergent mitrailleur René RAYNAUD *(105)*, tué d'une balle au front à Maison-de-Champagne, le 30 mars 1917 à la fin d'une forte attaque allemande soutenue pendant deux jours et que son groupe ne comprenant plus qu'une quinzaine d'hommes et deux mitrailleuses avait enfin réussi à arrêter : Croix de guerre ;

Le chef de pièce Émile BUGETTE *(27)*, mort à sa pièce au fort de Brimont, le 13 avril, tué par un obus ennemi ; Croix de guerre.

Louis BRUN *(24)*, mort le 20 avril par suite d'éclats d'obus reçus sur le champ de bataille de l'Aisne ; Croix de guerre avec étoile ;

Joseph SASSIGNEUX *(112)*, tué à l'ennemi à la forêt de Beaumarais (Aisne), le 21 avril ; Croix de guerre ;

Louis BERNARD *(10)*, décédé le 22 avril à Maffiécourt (Marne), d'une blessure reçue le 20, à la Main-de-Massiges ;

Le sergent René DELORME *(50)*, tué par une balle au Chemin-des-Dames, le 5 mai, dans une attaque à la tête de sa section ;

Le caporal Maurice YOKEL *(126)*, blessé le 6 septembre 1914 au bois d'Ailly, et le 7 août 1915, à la Louvière, tué à Vienne-le-Château le 25 juin 1917 ; Croix de guerre ;

Antonin FLEURIER *(63)*, tombé devant l'ennemi le 2 juillet, à la Chapelotte (Meurthe-et-Moselle) ;

Le sergent Jules LIGER *(85)*, mort le 24 juillet au plateau des Casemates ; Croix de guerre ;

Charles CARRÉ *(30)*, tombé le 29 juillet à Machecourt (Aisne) en arrivant un des premiers sur la position ennemie ; Croix de guerre ;

Fernand SOULAT *(115)*, mort à Braye-en-Laonnais le 16 août ;

Jacques ALLIOT *(1)*, tombé à Verdun d'un éclat d'obus le 19 août ; Croix de guerre ;

Le caporal Simon JOBINEAU *(74)*, mort le 20 août au bois des Corbeaux ; Croix de guerre.

Pierre PAGE *(97)*, mort le 21 août au centre hospitalier de Fleury-sur-Aire, le 21 août ;

Le sous-lieutenant Marie-Louis MIGNOT *(90)*, tombé glorieusement le 19 novembre à Bezonvaux (Meuse), en faisant face à une violente contre-attaque de l'ennemi ;

Le sergent Lucien SAINRAT *(113 ter)* tué à Verdun, côte 344 le 7 octobre ; Croix de guerre ;

* *

1918. — Le poète latin a dit :

> *Quid non mortalia pectora cogis,*
> *Auri sacra fames !*

Dans quels abîmes ne précipites-tu pas les hommes, ô soif insatiable de l'or ? En même temps qu'ils opposaient à l'élan de nos troupes une science de plus en plus meurtrière, les Allemands cherchaient à nous corrompre par l'infiltration de leur or maudit. L'histoire de Judas perpétuellement recommence. Mais la Providence veillait ; elle a éclairé le patriotisme de nos gouvernants ; les forces ténébreuses d'un ennemi sans scrupule ont été dévoilées, et les louches intrigues, les manœuvres déloyales, les débuts de trahison ont été réprimés avec une juste sévérité. Sans doute nos soldats vont tomber encore, mais du moins ils tomberont avec la consolation de penser que l'or allemand ne leur arrachera pas la victoire qu'ils achètent de leur sang.

Jean SIGNORET *(114)*, tombé au combat de Ercheu (Somme), le 25 mars ;

Louis DURIN *(62)*, mort à Château-Thierry le 31 mai ; Croix de guerre ;

Le sergent Louis-Léon AUCLERC *(3)*, mort le 1er juin à l'hôpital d'Ognon (Oise), de la suite de ses blessures ; Médaille militaire, Croix de guerre avec deux palmes et deux étoiles, Croix de Serbie et Croix du Nichan Iftikar ;

Antoine COLIN *(36)*, mort en Belgique le 4 juin ; Croix de guerre et Médaille militaire ;

Jean d'EUVY *(56)*, mortellement blessé le 10 juin à l'Églantier (Oise), en marchant à l'attaque ;

Charles MILLIEN *(91)*, mort le 28 juin à Euvy d'une

méningite causée par une blessure qui a entraîné la perte de l'œil droit ; Croix de guerre, 4 palmes, 1 étoile et Médaille militaire ;

Georges SAINRAT *(113 bis)*, tué à l'ennemi le 3 janvier à Moulins-sous-Touvent.

Jean DÉRU *(51)*, blessé à l'épaule le 21 août 1916 à Verdun, mort de la tuberculose pulmonaire le 2 juillet 1918, au lazaret de Skalmierchutz (Allemagne) ;

Louis DAMBRE *(43)*, mort le 5 août à Vittel (Vosges), intoxiqué par le gaz hypérite ;

Georges TINCE *(118)*, mort à Bus d'un éclat d'obus au cœur, le 18 août ; Croix de guerre ;

Le maître pointeur Jean RICHON *(107)*, mort le 22 août à Pars-les-Romilly (Aube), intoxiqué par le gaz hypérite; Croix de guerre et Médaille militaire ;

Le caporal Jean BRIDIER *(23)*, mort à Leury (Aisne), le 4 septembre ;

Louis BILLOT *(14)*, mort au combat d'Orvillers (Aisne), le 29 septembre ;

Émile TURQUIS *(121)*, atteint en plein front le même jour, à Saint-Souplet (Champagne), par une balle de mitrailleuses, alors que sa compagnie se portait à l'attaque ;

L'adjudant Fernand CAIGNAULT *(28)*, emporté le 19 octobre par une attaque foudroyante de grippe. Cette grippe terrasse également, le 21 octobre, mais à *Salonique*,

Marcel FURET *(64)* ;

Louis GIRAUD *(70)*, tué par une bombe d'avion à Bernot, près Saint-Quentin (Aisne), le 30 octobre ;

Alphonse RIFFARD *(108)*, mort des suites de ses blessures le 4 novembre, à l'hôpital militaire de Villers-Bretonneux.

Armand COGNET *(35)*, mort à Sévigny (Ardennes), le 4 novembre, d'un éclat d'obus ;

Léon GUILLAUMIN *(71)*, mort le 6 novembre à Saint-Nicolas-du-Port (Meurthe-et-Moselle), des suites de maladies contractées au front.

Grand Dieu ! quelle hécatombe ! Et voilà un cinquième hiver qui commence. On nous parle bien de l'épuisement physique et moral de la Bochie. Mais on nous en parle depuis si longtemps que nous finissons par n'y plus croire. Mais que vois-je ? Qu'entends-je ? les cloches carillonnent à perdre haleine ; les drapeaux palpitent dans l'air mouvementé ; les ténèbres s'illuminent. O mères ! cessez de trembler ; vos enfants vont vous être rendus ; la victoire est enfin descendue des cieux, couronnant notre sublime effort et sanctifiant nos sacrifices. L'armistice est signé. Vive la France! Nous avons cependant encore quelques deuils à enregistrer, postérieurs au 11 novembre :

Léon MEUNIER *(89)*, malade depuis la retraite de Sarrebourg d'un ébranlement cérébral causé par un obus qui l'a projeté à une grande distance, mort à Sancoins le 23 décembre ;

Marcel BEAUMIÈRE *(7)*, mort à Gannat le 25 décembre d'une maladie contractée au front ;

Louis BLANC *(17)*, mort à Belley (Ain), le 4 janvier 1919 de maladie contractée en captivité.

La glorieuse litanie est terminée. Je ne veux cependant pas descendre de cette chaire sans vous demander, à vous qui avez déjà tant souffert, un sacrifice de plus. Quelques-uns d'entre vous soupirent sans doute après le jour où ils pourront ramener ici, dans le cimetière paroissial, les pauvres morts dispersés au hasard des combats. J'ose leur demander de n'en rien faire : 1° pour ne pas froisser les déshérités de la fortune qui ne peuvent pas se permettre ces funèbres dépenses ; 2° pour ne pas augmenter la douleur de ceux qui, assurés seulement de la disparition totale des manquants, ne savent pas le nom du coin de pays où ils sont ensevelis; 3° pour respecter la volonté des morts eux-mêmes qui tiennent à se réveiller, au jugement dernier, juste au point où ils ont crié : Halte ! à l'envahisseur ; 4° pour maintenir dans la mort la splendide union sacrée, l'amitié, la fraternité d'âmes, la cohésion de toutes les classes. Il sera, grâce à vous, réconfortant juste et beau, de voir toujours à l'avant, rangés sur la même ligne, le cultivateur et le bourgeois, le religieux à côté de l'instituteur, le noble partageant son blason avec le roturier, l'officier à la hauteur du simple soldat, le vieux volontaire au niveau du bleu, et tous les fils sans distinction, tous les pères, tous les frères, tous les maris, tous les fiancés, d'où qu'ils viennent, réunis et représentant chaun leur mentalité, leur condition sociale, les sentiments, les croyances, les idées, la foi de leur famille et de leur groupe, et figurant toutes ces grandeurs morales à l'endroit même où ils les ont le mieux prouvées par le don de leur vie.

Toutefois en les laissant là-bas comme ils sont, comme ils étaient, quand leurs camarades les ont mis, les ont arrangés et bordés de leurs mains, dans la simplicité et la tendre égalité qui continuent de les régir, vous apporterez ici la grande leçon qu'ils nous donnent : Ils sont morts pour la France afin de nous apprendre à vivre pour elle.

RÉPERTOIRE ALPHABÉTIQUE

DES

ENFANTS DE SANCOINS

Morts pour la France

---

1. **ALLIOT JACQUES**, fils de Alliot Joseph, né à Bourbon-l'Archambault, le 14 juin 1883, époux de Dérimais Jeanne, père de Alliot Marie, demeurant à Sancoins, rue Saint-Jacques.

   Soldat au 121e régiment d'infanterie, 10e Cie, classe 1903.

   Tué à Verdun, cote 304, le 19 août 1917. — Croix de guerre.

2. **AMIZET LOUIS**, fils de Amizet Sylvain et de Binon Amélie, né à Saint-Vitte, le 3 août 1884, époux de Desbrières Marie-Louise, demeurant à Sancoins, 28, Grande-Rue.

   Soldat au 10e régiment d'infanterie, 5e Cie, classe 1904.

   Tué au Bois de la Vaux-Féry, le 7 juillet 1915.

3. **AUCLERC LOUIS**, fils de Auclerc Gilbert et de Poirier Marguerite, né à Cogny, le 11 avril 1893, demeurant à Sancoins, route de la Guerche.

   Sergent au 4e régiment de Tirailleurs indigènes, 1re Cie de mitrailleuses, classe 1893.

   Mort à l'hôpital d'Ognon (Oise), le 1er juin 1918. — Médaille militaire. Croix de guerre avec 2 palmes et 2 étoiles. Croix de Serbie. Croix du *Nicham* Iftikar.

   1re *Citation*. — Ordre du régiment, 22 octobre 1915. Brillante conduite au cours des combats des 25 et 28 septembre 1915.

   2e *Citation*. — Ordre de l'armée, 25 juillet 1917. Chef de section de mitrailleuses. A l'attaque du 17 avril, ayant eu sa section disloquée par le tir de barrage ennemi, a réussi à amener une pièce à temps pour arrêter net une contre-attaque à la grenade par un tir à bout portant, sans cesser le tir, a su nettoyer ses pièces et reconstituer la section.

3ᵉ Citation. — Médaille militaire avec attribution d'une palme à la Croix de guerre. « Au cours d'un violent engagement le 26 avril 1918, commandant une section de réserve du bataillon arrêté dans sa progression, a enlevé sous un feu de mitrailleuses son personnel éprouvé. A réussi à mettre en batterie et a pu enrayer l'avance d'une Cⁱᵉ ennemie qui tentait de contre-attaquer.

4ᵉ Citation. — Ordre du régiment, juin 1918. Grâce à un tir précis a enrayé une contre-attaque ennemie le 31 mai 1918. Blessé à son poste de combat alors qu'il donnait à ses hommes l'exemple d'un superbe courage.

4. BARBEROUSSE François, fils de Barberousse Étienne et de Inconnu Berthe, né à Neuvy-le-Barrois, le 1ᵉʳ décembre 1885, époux de Matonnat Joséphine, père de Barberousse Lucien, demeurant aux Chaumes-Sautereaux, commune de Sancoins.
Soldat au 95ᵉ régiment d'infanterie, classe 1905.
Tué à La Bassée, le 20 octobre 1914.

5. BARCELONE Jean, fils de Barcelone Georges, né à Grossouvre, le 19 janvier 1884, époux de Dessaigne Alexandrine, père de Barcelone André et de Barcelone Gaston, demeurant à Sancoins, Champ du Puits.
Soldat au ᵉ régiment d'infanterie, classe 1904.
Disparu à Steinbach (Haute-Alsace).

6. BASSEVILLE Pierre, fils de Basseville Pierre et de Pic Madeleine, né à Sancoins, le 23 juin 1877, époux de Minard Marie, père de Basseville Jacques Louis, demeurant à Sancoins, route de Saint-Amand.
Soldat au 160ᵉ régiment d'infanterie, 4ᵉ Cⁱᵉ, classe 1897.
Disparu à Saint-Éloi (Belgique), en 1914.

7. BEAUMIÈRE Marcel, fils de Beaumière Joseph et de Théneveau Madeleine, né à Paris le 22 octobre 1897, demeurant à Gannat (Allier).
Soldat au 2ᵇ groupe d'aviation, classe 1917.
Mort à Gannat, le 25 décembre 1918.

8. BELLERET Henri, fils de Belleret Gabriel et de

Maurant Françoise, né à Sancoins, le 6 mars 1893,
demeurant à Sancoins, route de Bourges.
Soldat au 4ᵉ zouaves, 14ᵉ Cⁱᵉ, classe 1913.
Disparu à Lizerne (Belgique), le 26 avril 1915.

9. BERGERAT PIERRE, fils de Bergerat Jules et de
Fonteuil Marie, né à Couleuvre (Allier), le 1ᵉʳ
août 1891, demeurant à Sancoins, aux Oiselets.
Soldat au 120ᵉ régiment d'artillerie lourde, 33ᵉ
Batterie, classe 1911.
Tué à Combles, le 12 octobre 1916.

10. BERNARD LOUIS, fils de Bernard Jean, et de feu
Bernadat Marie, né à Givardon, le 22 février 1884,
époux de Protat Louise, demeurant à Sancoins,
rue Saint-Louis.
Soldat de 1ʳᵉ classe, 50ᵉ Bataillon de chasseurs
à pied, classe 1904.
Blessé à la Main de Massiges, le 26 avril, et mort
à Maffrécourt (Marne), le 22 avril 1917.
Citation. — Ordre particulier. Officiers, sous-
officiers et soldats du groupement Mangin. En
quatre heures, dans un assaut magnifique vous
avez enlevé d'un seul coup, à votre puissant ennemi
le terrain hérissé d'obstacles et de forteresses du
nord-est de Verdun, qu'il avait mis huit mois à
nous arracher par lambeaux, au prix d'efforts
acharnés et de sacrifices considérables. Vous avez
ajouté de nouvelles et éclatantes gloires à celles
qui couvrent les drapeaux de l'armée de Verdun.
Au nom de la patrie, je vous remercie. Vous avez
bien mérité de la Patrie.
Signé : R. Nivelle. Au chasseur Bernard.

11. BERNARD PIERRE, fils de Bernard Jean et de Bou-
geux Anne, né à Saint-Léopardin d'Augy, le 16
juillet 1891, époux de Foucrier Madeleine, demeurant à Sancoins, rue Saint-Jacques.
Soldat au 95ᵉ régiment d'infanterie, classe 1911.
Tué à Saint-Pierremont (Vosges), le 11 septembre
1914.

12. BERTHET GILBERT, fils de Berthet Jacques et de
Périgaud Marie, né à Couleuvre (Allier), le 22 août
1884, époux de Daumin Hélène, père de Berthet

Gilbert, de Berthet Lucienne et de Berthet Maurice, demeurant à Sancoins, aux Oiselets.

Caporal au 85e régiment d'infanterie, 9e Cie, classe 1904.

Tué le 23 mai 1916. — Croix de guerre.

Citation. — Excellent caporal, très brave, servait d'exemple à tous par son calme et son sang-froid. Tué à son poste de combat.

13. BERTRAND PIERRE, fils de Bertrand Hippolyte et de Ragon Madeleine, né à Drevant (Cher), le 9 mars 1888, demeurant à Sancoins.

Soldat au 4e régiment du Génie, classe 1908.

Tué à Flaucourt (Somme), le 4 novembre 1916.

14. BILLOT LOUIS, fils de Billot Pierre et de Matuchet Marie, né à Sancoins, le 14 août 1894, demeurant à Sancoins, domaine de l'Étang.

Soldat au 29e régiment d'infanterie, 2e Cie de mitrailleuses, classe 1914.

Tué à Orviller (Argonne), le 29 septembre 1918.

15. BITAUD ARMAND-EUGÈNE, fils de Bitaud Joseph, et de Pommier Marie-Anne, né à Sancoins, le 16 mai 1887, demeurant à Sancoins.

Sergent au 210e régiment d'infanterie, 18e Cie, classe 1907.

Tué à Rozelieures (Meurthe-et-Moselle), le 25 août 1914.

16. BLANC ERNEST, fils de Blanc Jean et de Ganliot Joséphine, né à La Chapelle-Hugon, le 19 mars 1885, époux de Bellavoine Jeanne, père de Blanc Roger, demeurant à Sancoins, route du Veurdre.

Soldat au 213e régiment d'infanterie, 19e Cie, classe 1905.

Blessé à Steinbach, le 25 décembre 1914, mort à Bussang (Vosges), le 6 janvier 1915.

17. BLANC LOUIS, fils de Blanc Georges et de Barberousse Jeanne, né à Sancoins, le 15 avril 1892, demeurant à Sancoins, route du Veurdre.

Soldat au 21e Bataillon de chasseurs à pied, 6e Cie, classe 1912.

Mort à l'hôpital de Belley (Ain), le 4 janvier 1919.

BONNEAU Julien, fils de Bonneau Antoine, né à
Sancoins, le 22 avril 1881, époux de Luquet Louise,
demeurant à Sancoins, rue des Angerons.

Soldat au 121e régiment d'infanterie, 26e Cie,
classe 1901.

Mort à l'hôpital de Saint-Calais (Sarthe), le
23 octobre 1914.

19. BORDIER Philippe, fils de Bordier Philippe et de
Martin Anne, né à Mornay-sur-Allier, le 28 mai
1889, demeurant à Sancoins, La Contesson.

Soldat au 134e régiment d'infanterie, 5e Cie,
classe 1909.

Tué au Bois-Brûlé (Meuse), le 21 octobre 1914.

20. BOUDEAU Jean, fils de Boudeau Pierre et de Leclaire
Marguerite, né à Sancoins, le 13 avril 1893, demeurant à Sancoins, route de Saint-Amand.

Caporal au 134e régiment d'infanterie, 1re
Cie, classe 1913.

Tué au Bois d'Ailly (Meuse), le 6 octobre 1914.

21. BOUTAUD Georges, fils de Boutaud Antoine et
de Belleteste Léontine, né à Paris, le 30 septembre
1888, demeurant à Sancoins.

Soldat brancardier au 82e régiment d'infanterie,
classe 1908.

Blessé le 4 novembre 1916. Mort le 15 novembre
1916 à Dugny. — Croix de guerre.

22. BOUTRY Albert, fils de Boutry Marie, né à Sancoins
le 8 octobre 1893, demeurant à Sancoins, rue
Rabutelle.

Sergent, classe 1913, 21e Bataillon de chasseurs
à pied, 4e Cie.

Tué à Souchez, le 13 octobre 1915. — Croix
de guerre.

Citation. — En septembre et en octobre s'est
fait remarquer comme chef de poste. Le 17 décembre est arrivé le premier de son peloton dans les
tranchées allemandes.

23. BRIDIER Jean, fils de Bridier Pierre et de Minard

Louise, né à Véreaux, le 31 octobre 1896, demeurant
à Beauvais par Sancoins.

Caporal au 141e régiment d'infanterie, 7e Cie,
classe 1916.

Tué à Leury (Aisne), le 4 septembre 1918.

Citation. — Chef d'escouade d'un grand courage.
A été tué le 4 septembre 1918 au matin en entraînant ses hommes à l'assaut d'une position ennemie
fortement défendue par des mitrailleuses.

24. **BRUN** Louis, fils de Brun Abel et de Renaud Jeanne,
né à Bourges, le 20 mars 1896, demeurant à Sancoins
rue des Foires.

Soldat au 113e régiment d'infanterie, 5e Cie,
classe 1916.

Tué dans l'Aisne, le 20 avril 1917. — Croix de
guerre avec étoile.

Citation. — Très bon soldat, excellent grenadier,
a fait preuve pendant la journée du 18 avril, de
belles qualités d'entrain et de sang-froid. Blessé
grièvement au cours de l'action.

25. **BRUNEAU** Gaston, fils de Bruneau Eugène et de
Thomas Françoise, né à Paris, le 17 mars 1891,
demeurant à Sancoins, 88, route de Saint-Amand.

Soldat au 37e régiment d'artillerie, 9e Batterie,
classe 1911.

Mort à Bar-le-Duc, le 24 novembre 1914.

26. **BUCHMULLER** Édouard, fils de Buchmüller Edouard
et de Dalençon Adeline, né à Thaon-les-Vosges,
le 18 septembre 1885. Époux de Faverdin Émilienne
Père de Buchmüller Albert Pierre et de Buchmüller
Édouard-Anselme, demeurant à Sancoins, rue
de l'Aubois.

Soldat au 4e régiment de génie, classe 1905.

Tué à Bully-Grenay (Pas-de-Calais), le 19 juin
1915. — Croix de guerre.

Citation. — Excellent sapeur, tué d'un éclat
d'obus pendant qu'il travaillait à la construction
d'une tranchée en avant de notre première ligne.

27. **BUGETTE** Émile, fils de Bugette Louis et de Jou-
gnaux Maria, né à Sancoins, le 24 décembre
1886, époux de Girard Marie-Thérèse, demeurant à Sancoins, Grande-Rue.

Soldat au 6ᵉ régiment d'artillerie à pied, 17ᵉ
Batterie, classe 1906.

Tué au fort de Brimont, le 13 avril 1917. —
Croix de guerre.

27 bis. **BUREAU** Adolphe, fils de Bureau Eugène et
de Jacony Eugénie, né à Paris, le 10 octobre 1892,
demeurant à Sancoins, rue Saint-Jacques.

Soldat au 56ᵉ régiment d'infanterie, 8ᵉ Cⁱᵉ,
classe 1912.

Tué à Rupt (Meuse), le 5 juin 1916.

28. **CAIGNAULT** Fernand, fils de Caignault Jacques
et de Boissin Éloïse, né à Lignières, le 3 janvier
1879, époux de Boutaud Antoinette, demeurant
à Sancoins.

Adjudant à la 9ᵉ section de C. O. A., classe 1899.

Mort à Sancoins, le 19 octobre 1918.

29. **CAMUS** Étienne, fils de Camus Paul et de Giraud
Marie, né à Châtillon-sur-Loing, le 6 juin 1889,
époux de Perruchet Juliette, père de Camus Jean,
demeurant à Sancoins, route de Bourges.

Soldat au 56ᵉ régiment d'infanterie, classe 1909.

Disparu à Gosselmingen, le 20 août 1914.

30. **CARRÉ** Charles, fils de Carré Jean et de Boutet
Marie, né à Sancoins, le 4 novembre 1896, demeurant à Sancoins.

Soldat au 329ᵉ régiment d'infanterie, classe 1916.

Tué à Machecourt (Aisne), le 29 juillet 1917. —
Croix de guerre.

1ʳᵉ *Citation*. — Ordre de la division, 21 mars 1917.
S'est offert volontairement pour dégager sous le
feu un de ses camarades mortellement atteint.
S'est distingué à nouveau aux combats des 23 et
25 mars 1917.

2ᵉ *Citation*. — Ordre du régiment. Est tombé
un des premiers sur la position ennemie.

31. **CARRÉ** Jean, fils de Carré Jean et de Boutet Marie,
né à Augy-sur-Aubois, le 20 juin 1890, demeurant
à Gournay-en-Bray (Seine-Inférieure).

Caporal au 2ᵉ régiment de zouaves, 20 Cⁱᵉ,
classe 1910.

Tué à Ham-sur-Sambre (Belgique), le 22 août
1914.

32. CHAMPOMMIER Jean, fils de Champommier Jean et de Bonnet Marie, né à Augy-sur-Aubois, le 29 janvier 1881, époux de Jamet Joséphine, père de Champommier Marie, demeurant au Crot-du-Lac, Sancoins.

Soldat au 109e régiment d'infanterie, 10 Cie, classe 1901.

Tué à Notre-Dame de Lorette (Pas-de-Calais), le 8 mars 1915.

33. CHAUCHARD Paul, fils de Chauchard Jeanne, né à Sagonne, le 23 avril 1877, époux d'Alice Riotte, père de Chauchard Eugène, demeurant à Liard. Soldat.

Tué à Verdun, le 28 avril 1916.

34. CHOPIN Henri, fils de Chopin Gilbert et de Dard Catherine, né à Sancoins, le 15 septembre 1880, époux de Minard Marie-Louise, père de Chopin Marcel, de Chopin Yvonne et de Chopin Aline, demeurant à La Berlasse, Sancoins.

Soldat au 8e régiment d'artillerie à pied, 27e Batterie, classe 1900.

Tué à Blanchen, commune de Golbach (Alsace), le 2 septembre 1915.

35. COGNET Armand, fils de Cognet Louis, né à Ménetou-Couture, le 18 juin 1889, demeurant à Sancoins, rue d'Enfert.

Sergent au 279e régiment d'infanterie, 19e Cie, classe 1909.

Tué à Sévigny (Ardennes), le 5 novembre 1918.

36. COLIN Antoine, fils de Colin Jacques et de Guillemin Marie, né à Givardon, le 7 octobre 1877, époux de Basseville Léontine, père de Colin Suzanne, demeurant à Sancoins, rue Saint-Louis.

Soldat au 35e régiment territorial d'infanterie, 7e Cie, classe 1897.

Tué en Belgique, le 4 juin 1918. — Croix de guerre avec palme. Médaille militaire.

Citation. — Soldat brave en toutes circonstances, a donné à tous ses camarades l'exemple des plus belles vertus militaires par sa façon de servir et son mépris du danger, a été blessé grièvement dans l'accomplissement de son devoir.

COMBEMOREL Nicolas, fils de Combemorel Étienne
et de Simoneau Marie, né à Neuilly-en-Dun, le
21 septembre 1874, époux de Daury Jeanne, père
de Combemorel Marthe, de Combemorel Germaine
et de Combemorel Lucien, demeurant à Sancoins,
rue de l'Aubois.
Soldat au 64e régiment d'infanterie, classe 1894.
Tué à Dompierre, près d'Arras, le 31 mars 1915.

8. CONTANT Félix, fils de Contant Jean et de Blanchet
Anne, né à Germigny-l'Exempt (Cher), le 26 mars
1878, époux de Bernadat Françoise, père de
Contant Fernande et de Contant Gaston, demeu-
rant aux Chaumes-Sauteraux, Sancoins.
Soldat au 160e régiment d'infanterie, 6e Cie,
classe 1898.
Tué à Saint-Éloi (Belgique), le 9 novembre 1914.

9. CONTANT Henri, fils de Contant Jacques et de
Boutet Louise, né à Véreaux, le 28 novembre 1895,
demeurant à Couronne, commune de Véreaux.
Caporal au 134e régiment d'infanterie, 6e Cie,
classe 1915.
Tué à La Vaux-Ferry (Meuse), le 24 avril 1916.

10. CORNIER Pierre, fils de Cornier Agathe, né à Mont-
luçon, le 2 février 1883, époux de Avril Marie-
Louise, père de Cornier Augustin, demeurant à
Sancoins, rue de l'Aubois.
Soldat au 3e régiment de marche de zouaves,
19e Cie, classe 1903.
Disparu à Tracy-le-Val, le 25 septembre 1914.

11. DALAUDIÈRE Ludovic, fils adoptif de M. et Mme
Groslier, né à Sancoins, le 12 juillet 1891, demeu-
rant à Sancoins, 22, rue Rabutelle.
Soldat au 47e régiment d'artillerie, 3e Batterie,
classe 1911.
Tué à Verdun, le 6 mars 1916.

12. DAMBRE Antoine, fils de Dambre Antoine et de
Charbonnier Marie-Louise, né à Sancoins, le
5 mars 1890, demeurant aux Lands, commune de
Sancoins.
Soldat au 29e régiment, 5e Cie, classe 1910.
Tué à Clezentaines, le 26 août 1914.

43. DAMBRE LOUIS, fils de Dambre Antoine et de Charbonneau Marie-Louise, né à Sancoins, le 27 novembre 1887, demeurant à Paris, 14, rue La Bruyère.

Soldat au 37e régiment d'artillerie, 6e Batterie, classe 1907.

Mort à Vittel (Vosges), le 5 août 1918.

Cité 4 fois en groupe.

44. DAUZAT RAYMOND, fils de Dauzat Pierre et de Barrois Léonie, né à Paris le 14 novembre 1894, demeurant à Sancoins, 35, rue de Saint-Amand.

Soldat au 408e régiment de marche, 6e Cie, classe 1914.

Tué à Vermendauvillers (Somme), le 19 septembre 1916. — Croix de guerre, une étoile.

Citation. — Soldat brave et dévoué, toujours volontaire pour les missions périlleuses, tombé glorieusement au combat.

45. DAYRAIGNE JACQUES, fils de Dayraigné Ferdinand et de Rétif Marie, né à Sancoins, le 25 septembre 1883, époux de Plouson Marie, père de Dayraigne Jean, demeurant à Paris, 7, rue de Verneuil.

Soldat au 229e régiment d'infanterie, classe 1903.

Tué au Col de Bassus (Vosges), le 19 mars 1915.

46. DAYRAIGNE ÉMILE, fils de Dayraigne Ferdinand, et de Rétif Marie, né à Sancoins, le 28 novembre 1878, époux de Compot Jeanne, demeurant à Sancoins, 2, route de Saint-Amand.

Soldat au 306e régiment d'infanterie, 21e Cie, classe 1898.

Mort à Chaumont, le 5 mai 1916. — Médaille militaire de Chine.

47. DÉCORTIAT CHARLES, fils de Décortiat François, né à Sancoins, le 4 octobre 1888, père de Décortiat René, époux de Bonté Marie, demeurant à La Faisanderie, Sancoins.

Maître-pointeur au 37e régiment d'artillerie, 10e Batterie.

Tué le 26 septembre 1916. — Croix de guerre.

48. DÉISSARD JACQUES, fils de Déissard François et de

Rambert Madeleine, né à Sancoins, le 13 juin 1896, demeurant aux Lands, Sancoins.

Aviateur.

Mort le 24 décembre 1916, à Lyon.

49. DELARSE ERNEST, fils de Delarse François et de Lagarde Ernestine, né à Lurcy-Lévy, le 21 avril 1881, des Pères Blancs d'Alger, demeurant à Carthage.

Adjudant-chef au 1er régiment de tirailleurs algériens, 3e Cie.

Disparu au Mort-Homme, le 19 mai 1916. — Promu sous-lieutenant.

50. DELORME RENÉ, fils de Delorme Louis, et de Huet Marie, né à Vatan, le 1er avril 1881, époux de Sabard Marguerite, père de Delorme Louise, demeurant à Sancoins, place d'Armes.

Sergent au 329e régiment d'infanterie, 15e Cie, classe 1901.

Tué au Chemin des Dames, le 5 mai 1917.

51. DÉRU JEAN, fils de Déru Jean et de Virmoux Françoise, né à Sancoins, le 16 août 1896, demeurant au Frâgne, Sancoins.

Soldat au 313e régiment d'infanterie, 21e Cie, classe 1916.

Mort au lazaret de Skalmierchutz (Allemagne), le 2 juillet 1918.

52. DÉRU PIERRE, fils de Déru Jean et de Virmoux Françoise, né à Sancoins, le 8 août 1894, demeurant au Frâgne, Sancoins.

Soldat au 134e régiment d'infanterie, 8e Cie, classe 1912.

Tué à Rozelieures (Meurthe-et-Moselle), le 25 août 1914.

53. DESBRUÈRES JULES, fils de Desbruères Jean et de Olivier Bertha, né à Sancoins, le 20 mai 1891, demeurant à Sancoins, Champ de foire.

Soldat au 20e régiment d'infanterie, 1re Cie, classe 1911.

Tué à Perthes-les-Heulus, le 20 octobre 1915.

54. DESCHAMPS ANTOINE, fils de Deschamps François, né à Neure (Allier), le 23 août 1884, époux de

Lamirat Marie, père de Deschamps Germaine,
demeurant à Sancoins, rue des Angerons.
Soldat au 312e régiment d'infanterie, classe
1904.
Tué à Verdun le 9 juin 1916.

55. **DESFOURNEAUX Jean**, fils de Desfourneaux Baptiste et de Gayon Madeleine, né à Lurcy-Lévy
(Allier), le 14 août 1879, époux de Sarrette Jeanne,
père de Desfourneaux Roland, demeurant à Paris,
52, rue de la Condamine.
Soldat, classe 1899.
Tué à Monchy (Pas-de-Calais), le 29 octobre 1914.

56. **D'EUVY Jean-Marie**, fils de d'Euvy Gilbert et de
Charpy Marie, né à Sancoins, le 22 février 1895,
demeurant à Sancoins, rue des Angerons.
Soldat au 4e bataillon de chasseurs à pied, 5e
Cie, classe 1915.
Tué à l'Églantier (Oise), le 10 juin 1918.
Citation. — Ordre du bataillon. Excellent chasseur, très belle tenue au feu. Mortellement blessé
le 10 juin 1918 en marchant à l'attaque.

57. **DIONNET Gilbert**, fils de Dionnet Blaise et de Crochet
Françoise, né à Sancoins, le 15 décembre 1892,
demeurant à Sancoins.
Soldat au 134e régiment d'infanterie, 1re Cie,
classe 1912.
Tué à Saint-Jean-de-Baselle (Lorraine), le 20
août 1914.

58. **DORSEMAINE Vincent**, fils de Dorsemaine Pierre et
de Guillonnet Élisabeth, né à Sancoins, le 30 mai
1889, époux de Avril Geneviève, père de Dorsemaine
Robert, demeurant à Sancoins, rue de l'Aubois.
Soldat au 160e régiment d'infanterie, 10e Cie,
classe 1909.
Tué au fortin de Beauséjour, le 25 septembre
1915.

59. **DUCLOUX Louis**, fils de Ducloux Gilbert, né à
Saint-Pierre-le-Moûtier, le 2 février 1887, époux
de Béguignat Eugénie, demeurant à Sancoins.
Soldat au 26e régiment d'infanterie, classe 1907.
Mort à Doullens, le 11 octobre 1914.

60. DUMONT Jean, fils de Dumont Louis et de Pendard
Marie, né à Pouzy-Mesangy, le 29 novembre 1886,
demeurant au Breuillat, Sancoins.

Soldat au 35e régiment colonial, 24e Cie, classe
1905.

Mort à Révigny, le 3 octobre 1915.

61. DU PRAT Louis, fils de Du Prat Cyr et de Resch
Julie, né à Lunéville, le 2 septembre 1862., époux
de Paultre Édith, père de Du Prat Geneviève et de
Du Prat Jean, demeurant à Sancoins.

Chef de bataillon au 15e régiment d'infanterie,
classe 1882.

Mort à l'hôpital de Vittel, le 18 septembre 1914.

62. DURIN Louis, fils de Durin Louis, né à Sancoins le
4 mai 1882, époux de Vincent Cécile, père de Durin
Joseph, demeurant à Sancoins, route de Saint-
Pierre.

Soldat au 33e régiment d'infanterie coloniale
21e Cie, classe 1902.

Tué à Château-Thierry, le 31 mai 1918. — Croix
de guerre, 1 citation.

63. FLEURIER Antonin, fils de Fleurier Paul, né à
Saint-Pierre-le-Moûtier, le 23 septembre 1886.

Soldat au 54e régiment d'infanterie, classe 1906.

Tué à La Chapelotte (Meurthe-et-Moselle), le
2 juillet 1917.

64. FURET Marcel, fils de Furet Alexandre et de Desfourneaux Marie, né à Sancoins, le 16 septembre
1888, demeurant à Sancoins, rue de la Croix-
Blanche.

Soldat au 157e régiment d'infanterie, classe 1908.

Mort à Salonique, le 21 octobre 1918.

65. GALMARD Eugène, fils de Galmard Louis et de
Aucouturier Madeleine, né à Sancoins, le 20 août
1882, époux de Duplaix Jeanne, père de Galmard
Simone, demeurant à Sancoins, rue Saint-André.

Soldat au   e d'infanterie, service auxiliaire,
classe 1902.

Mort à Nevers, le 11 juin 1915.

66. GAURIAT Théodule, fils de Gauriat François et de Boîton Mélanie, né à Mehun-sur-Yèvre, le 7 juillet 1879, époux de Battestit Aline, père de Gauriat René, demeurant à Rambouillet (Seine-et-Oise).

Soldat au 160e régiment d'infanterie, 4e Cie, classe 1899.

Disparu le 10 novembre 1914, à Saint-Éloi (Belgique).

67. GAZUT Pierre, fils de Gazut Antoine et de Ministrot Marie, né à Sancoins, le 19 juin 1895, demeurant à La Maison-Noire, Sancoins.

Soldat au 3e régiment de zouaves, 20e Cie, classe 1915.

Mort à l'ambulance de Brocourt, le 26 avril. — Croix de guerre.

68. GUÉDARD Pierre, fils de Guédard Pierre et de Touzet Reine, né à Mornay-sur-Allier, le 14 novembre 1892, demeurant à Sancoins, route du Veurdre.

Soldat au 20e bataillon de chasseurs à pied, 5e Cie, classe 1912.

Tué à Notre-Dame de Lorette, le 6 juin 1915.

69. GIRAUD Jules, fils de Giraud Jules et de Masson Marie, né à Sancoins, le 28 janvier 1884, époux de Dumas Augusta, père de Giraud Raymond, demeurant à Paris, 8, rue Pierre-Leroux.

Sergent au 213e régiment d'infanterie, 18e Cie, classe 1905.

Mort à l'hôpital Laënnec, Paris, le 9 juillet 1915.

70. GIRAUD Louis, fils de Giraud Louis, décédé, né à Augy-sur-Aubois, le 27 juillet 1884, époux de Détharet Berthe, père de Giraud Camille, de Giraud Andrée et de Giraud Lucien, demeurant à Sancoins, rue Grévy.

Soldat au 171e régiment d'infanterie, 5e Cie, classe 1904.

Tué à Bernot près Saint-Quentin, le 30 octobre 1918.

Citation. — Ordre du régiment. Soldat ayant toujours montré la plus grande bravoure et le plus complet dévouement. Dans les derniers combats a assuré la liaison avec le plus bel entrain et une bonne humeur communicative malgré le danger auquel il était continuellement exposé en traversant sans cesse une zone violemment battue par l'artillerie et les mitrailleuses ennemies.

71. — GUILLAUMIN Léon, fils de Vve Guillaumin, né à Sancoins, le 10 mars 1893, demeurant à Sancoins, rue d'Enfert.

Soldat au 150e régiment d'infanterie, 5e Cie, classe 1913.

Mort à l'hôpital Saint-Nicolas-du-Port (Meurthe-et-Moselle), le 6 novembre 1919.

72. — JAMET Francis, fils de Jamet François et de Julien Marie, né à Château-sur-Allier, le 1er novembre 1881, demeurant à Sancoins, rue Rabutelle.

Caporal au 121e régiment d'infanterie, 1re Cie, classe 1901.

Mort à l'hôpital de Dhargicourt (Somme), le 11 septembre 1916.

73. — JAMET Jean, fils de Jamet Félix, né à Sancoins, le 27 novembre 1879, époux de Périau Lucie, père de Jamet Lucien et de Jamet Joseph, demeurant au Chautay (Cher).

Soldat au 365e régiment d'infanterie, classe 1899.

Tué à Verdun, le 8 avril 1916.

74. — JOBINEAU Simon, fils de Jobineau Louis et de Broquin Amélie, né à Givardon, le 23 juin 1892, demeurant à La Petite-Couronne, Sancoins.

Caporal au 7e régiment de tirailleurs algériens, classe 1912.

Tué au Bois des Corbeaux, le 20 août 1917. —

1 Citation à l'Ordre de la brigade. — Croix de guerre.

75. — JOSSET Pierre, fils de Josset Gilbert et de Chamignon Annette, né à La Chapelle-Hugon, le 21 janvier 1886, demeurant à Sancoins, route de La Guerche.

Caporal au 213e régiment d'infanterie, 21e Cie, classe 1906.

Tué en Haute-Alsace, le 18 juin 1915.

76. JOUANET PIERRE, fils de Jouanet Claude et de
Mérité Françoise, né à Véreaux, le 8 septembre
1882, époux de Gaudry Cécile, père de Jouanet
Simone, demeurant à Sancoins, route de Saint-
Amand.
Soldat au 160e régiment d'infanterie, 11e Cie,
classe 1902.
Tué à Minaucourt (Marne), le 21 octobre 1915.

77. JOUFFROY JULES, fils de Jouffroy Marie, né à Paris,
le 15 mars 1886, époux de Guédard Marie, père de
Jouffroy Julien, demeurant à Sancoins, rue Juranville.
Soldat au 109e régiment d'infanterie, 25e Cie,
classe 1906.
Tué à Saint-Benoît (Vosges), le 26 août 1914.

78. LAFOND FRANÇOIS, fils de Lafond Pierre et de Chaput
Virginie, né à Pouzy-Mésangy, le 9 novembre 1879,
époux de Mathonat Louise, père de Lafond André
et de Lafond Renée, demeurant à Sancoins, rue
Saint-André.
Soldat au 5e régiment du génie, classe 1899.
Mort à Bordeaux, le 8 février 1917.

79. LALANDE PIERRE, fils de Lalande Pierre, né à Augy-
sur-Aubois, le 11 février 1881, époux de Sartin
Anne, demeurant à Sancoins, rempart de l'Ouest.
Soldat au 109e régiment d'infanterie, 5e Cie,
classe 1901.
Tué à Souchez-Givenchy, le 27 septembre 1915.

80. LAMOUROUX LOUIS, fils de Lamouroux Pierre et
de Virmoux Madeleine, né à Augy-sur-Aubois, le
12 novembre 1888, époux de Guillaumin Marie,
père de Lamouroux Georges, demeurant à Saint-
Pierre-Givernais, commune de Sancoins.
Soldat au 37e régiment d'artillerie, 11e Batterie,
classe 1908.
Tué à Bouchavesnes (Somme), le 20 septembre
1916.

81. LAUDAT CAMILLE, fils de Laudat Louis et de Martin
Isabelle, né à Dun-sur-Auron, le 21 janvier 1895,
demeurant à Sancoins, rue de la Fontaureau.

Soldat au 29e régiment d'infanterie, 2e Cie,
classe 1915.
Tué à la Croix-Saint-Jean (Meuse), le 28 septembre 1915.

82. LÉGUILLE Adolphe, fils de Léguille Jean, né à
Sancoins.
Soldat au 50e bataillon de chasseurs à pied.
Tué à   le 12 juin 1915.

83. LEROUGE Marcel, fils de Lerouge Marcel et de
Mangeore Victorine, né à Foameix (Meuse), le
11 avril 1893, demeurant à Foameix (Meuse),
réfugié à Sancoins.
Caporal au 164e régiment d'infanterie, 1re Cie,
classe 1913.
Tué au Bois-de-Vitte, Verdun, le 21 février 1916.

84. LÉVEILLÉ André, fils de Léveillé Gabriel et de
Crochet Joséphine, né à Torteron, le 28 avril 1894,
demeurant à Sancoins, rue de Nevers.
Sergent au 13e régiment d'infanterie, 2e Cie,
classe 1914.
Tué à Verdun, le 22 juillet 1916.

85. LIGER Jules, fils de Liger Antoine et de Roland
Louise, né à Valigny (Allier), le 16 janvier 1885,
époux de Bourdreux Madeleine, père de Liger
Marie-Louise et de Liger Yvonne, demeurant
aux Lands, commune de Sancoins.
Sergent au 213e régiment d'infanterie, 19e Cie,
classe 1905.
Tué au plateau des Casemates, le 24 juillet 1917.
Croix de guerre.

86. LŒILLET Jean, fils de Vve Lœillet, né à Lurcy-Lévy,
le 9 février 1888, demeurant à La Pointe, commune
de Sancoins.
Soldat au 13e régiment d'infanterie, 8e Cie,
classe 1908.
Mort à Commercy, le 27 novembre 1914.

MARTINAT Marcel, fils de Martinat Jean et de
Borlet Marie, né à Sancoins en 1888, époux de

Malthet Marié-Louise, demeurant à Sancoins, route de Bourges.

Caporal au 56e régiment d'infanterie, 1re Cie, classe 1908.

Tué à Vennezey (Meurthe-et-Moselle), le 29 août 1914.

88. MESSET Léon, fils de Messet Jacques et de Martin Marie, né à Sancoins, le 4 juin 1890, demeurant à Sancoins.

Sous-lieutenant au 95e régiment d'infanterie, 8e Cie, classe 1910.

Tué au Bois de la Louvière près de Marbotte, le 31 août 1915.

Citation. — En campagne sans interruption depuis le début de la guerre, a débuté comme simple musicien ; est passé sur sa demande dans une compagnie pour pouvoir se battre, a acquis par sa belle attitude au feu et sa haute valeur morale tous ses galons jusqu'au grade de sous-lieutenant ; est tombé bravement à son poste de combat le 31 août 1915.

89. MEUNIER Léon, fils de Meunier André, né à Sancoins, le 14 novembre 1892, demeurant à Sancoins, place du Commerce.

Soldat au 85e régiment d'infanterie, classe 1912.

Mort à Sancoins, le 23 décembre 1918.

90. MIGNOT Marie-Louis, fils de Mignot Gabriel et de Pagnot Jeanne, né à Cellule (Puy-de-Dôme), le 19 février 1885, époux de Chartier Marie-Louise, père de Mignot Gabriel, demeurant à Sancoins, route de Bourges.

Sous-lieutenant au 88e régiment d'infanterie, classe 1905.

Tué à Bezonvaux (Meuse), le 19 novembre 1917.
— 3 Citations. — Croix de guerre.

3e Citation. — Le 19 novembre 1917, s'est distingué par sa décision, son énergie et son mépris du danger en entraînant sa section à l'attaque d'une tranchée ennemie dont il s'est emparé. Tombé glorieusement en faisant face à une violente contre-attaque de l'ennemi.

ILLIEN Charles, fils de Millien André et de
Desvigne Émilie, né à Sancoins, le 18 juin 1896,
demeurant à Euvy, commune de Saint-Aignan-
des-Noyers (Cher).

Caporal au 7e régiment d'infanterie, classe 1916.

Mort à Euvy, le 28 juin 1918. — Croix de guerre,
4 palmes, 1 étoile d'or. — Médaille militaire.

92. MILLIEN Claude, né à Mornay-sur-Allier,
le 16 mai 1881, époux de Bailly Louise,
père de Millien André, demeurant à Sancoins,
route des Augerons.

Soldat au 31e bataillon de chasseurs à pied,
classe 1901.

Mort à La Flèche, 28 mai 1915.

93. MINARD Claude, fils de Minard Claude et de Margot
Louise, né à Lurcy, le 31 juillet 1872, époux de
Dutour Solange, père de Minard Claude, de Minard
Jean et de Minard Georges, demeurant à La Bèze,
commune de Sancoins.

Soldat au 261e régiment d'infanterie, 8e Cie,
classe 1892.

Tué à Cappy (Somme), le 11 octobre 1916.

94. MINARD Jean, fils de Minard Jean et de Bonneau
Solange, né à Sancoins, le 20 mars 1882, époux
de Dard Claudine, père de Minard Georges, de
Minard Jeanne et de Minard Jean, demeurant
à Sancoins, rue Grévy.

Soldat au 13e régiment d'infanterie, 2e Cie,
classe 1902.

Tué à Mécrin (Meuse), le 28 septembre 1914.

95. MINARD Pierre, fils de Minard Gilbert, né à Sancoins,
le 22 janvier 1891, demeurant au Breuillat, commune de Sancoins.

Sergent au 85e régiment d'infanterie, 5e Cie,
classe 1911.

Mort à Lyon, le 31 octobre 1914. — Proposé
pour la Légion d'honneur.

96. MORILLON Joseph, fils de Morillon Paul et de Tissier
Solange, né à Givardon, le 8 août 1895, demeurant
à Sancoins, Grande-Rue.

Soldat au 95e régiment d'infanterie, 30e Cie,
classe 1915.
Mort à Bourges le 19 mars 1915.

97. **PAGE PIERRE**, fils de Page Antoine et de Picot Jeanne,
né à Sancoins, le 15 août 1879, époux de Simonin
Augustine, père de Page Paul, et de Page Marcel,
demeurant à Sancoins, rue de la Halle.
Soldat au 303e régiment d'infanterie, classe 1889.
Mort à Fleury-sur-Aire, le 21 août 1917.

98. **PAILLERET ANTOINE**, fils de Pailleret Symphorien,
né à Saint-Bonnet-Tronçais, le 14 août 1884,
époux de Labouret Marie, père de Pailleret Yvonne,
demeurant à Sancoins, Grande-Rue.
Soldat au 13e bataillon de chasseurs alpins,
2e Cie, classe 1904.
Tué à Sudelkopf (Alsace), le 23 décembre 1915.

99. **PARODAT ULRICH**, fils de Parodat Jean, né à Fran-
chesse, le 27 mars 1881, époux de Bardon Juliette,
père de Parodat Adèle et de Parodat Roger, demeurant à Sancoins, route du Veurdre.
Soldat au 109e régiment d'infanterie, 12e Cie,
classe 1901.
Disparu à Bully-Grenay, le 8 octobre 1914.

100. **PERCEAU GILBERT**, fils de Perceau Jacques et de
Crochet Catherine, né à Augy-sur-Aubois, le 15
janvier 1874, époux de Roux Alice, père de Perceau
Lucie et de Perceau Lucienne, demeurant à San-
coins, Champ de foire.
Soldat au 360e régiment d'infanterie, 18e Cie,
classe 1894.
Tué à Souchez, le 7 août 1915.

101. **PETIT GILBERT**, fils de Petit Pierre et de Bablet Louise,
né à Sancoins, le 16 février 1882, époux de Bonneau
Marie, père de Petit André, de Petit Gilberte et de
Petit Louis, demeurant aux Lands, commune de
Sancoins.
Soldat au 60e régiment d'artillerie de campagne,
classe 1902.
Mort à Sancoins, le 28 février 1917.

PETIT Pierre, fils de Petit Jean et de Rembert Marie, né à Sancoins, le 15 juin 1888, demeurant aux Lands, commune de Sancoins.

Soldat au 37e d'artillerie, 5e Batterie, classe 1908.

Tué à Courcelles les Bois (Meuse), le 12 décembre 1914.

103. PETITJEAN Félix, fils de PetitJean Antoine et de Bél Madeleine, né à Bourbon-l'Archambault, le 6 avril 1889, demeurant au Crot-du-Lac, commune de Sancoins.

Soldat au 134e régiment d'infanterie, 8e Cie, classe 1909.

Tué à Rozelieures (Meurthe-et-Moselle), le 25 août 1914.

103.bis PROTAT Gaston, fils de Protat Jean et de Dodat Jeanne, né à Sancoins, le 6 janvier 1892, demeurant à Sancoins.

Soldat au 85e régiment d'infanterie, 1re Cie, classe 1912.

Tué à Sarrebourg, le 28 septembre 1914.

104. QUANTIN Alfred, fils de Quantin Philippe et de Largy Marie, né à Dennevy (Saône-et-Loire), le 12 décembre 1877, époux de Barberousse Ernestine, père de Quantin Marcel, de Quantin Georges et de Quantin Armand, demeurant à Sancoins, aux Orselets.

Soldat auxiliaire, 8e section C. O. A., classe 1897.

Mort à Nevers, le 12 mai 1916.

105. RAYNAUD René, fils de Raynaud Alphonse et de Guery Eugénie, né à Sancoins, le 11 octobre 1894, demeurant à Sancoins, 2, rue Basse.

Sergent au 10e régiment d'infanterie, 3e Cie de mitrailleuses, classe 1914.

Tué à Maisons-de-Champagne, le 30 mars 1917.

Croix de guerre.

Citation. — Ordre de la Brigade : Jeune sergent de la classe 1914. Modèle de courage et de sang-froid, calme insouciance du danger. Dans les circonstances les plus difficiles, a toujours montré le plus bel exemple à ses hommes. Tué le 30 mars

à son poste de combat et à côté
de ses pièces.

106. REBOULOT ÉMILE, fils de Reboulot Émile et de
Tinsse Caroline, né à Sancoins, le 23 avril 1881,
demeurant à Sancoins, route de Saint-Amand.
— Soldat au 352e régiment d'infanterie, classe
1901.
— Tué à Assevillers (Somme), le 1er août 1916.

107. RICHON JEAN, fils de Richon Jean et de Chaput
Marie, né à Sancoins, le 14 mars 1893, demeurant
à Sancoins, rue des Angerons.
— Maître pointeur au 1er régiment d'artillerie,
3e Batterie, classe 1913.
— Mort à Pars-lès-Romilly (Aube), le 22 août 1918.
— Croix de guerre. — Médaille militaire. — 1re
Citation à l'ordre de l'armée avec sa batterie.

2e *Citation*. — Ordre du régiment. Au front
depuis le début de la campagne. S'est souvent
fait remarquer par son courage, notamment le
28 septembre 1917, un obus toxique ayant éclaté
sous la pièce, tuant le chef de pièce et un servant,
en blessant 2 autres, a persisté, quoique intoxiqué,
à rester auprès de ses camarades pour contribuer à
les soigner.

3e *Citation*. — Ordre de l'armée. Brave soldat
d'un remarquable sang-froid. S'est souvent distingué dans les affaires auxquelles il a pris part
par son allant et son complet mépris du danger.
A été très gravement intoxiqué le 16 août 1918 en
accomplissant vaillamment son devoir sous un
violent bombardement. Une blessure antérieure.

108. RIFFARD ALPHONSE, fils de Riffard Baptiste, né
à Montluçon, le 23 septembre 1880, époux de
Delalosse Madeleine, père de Riffard Gloria et
de Riffard Augustine, demeurant à Sancoins,
route de L'Aubois.
— Soldat au 4e régiment du génie, classe 1910.
— Mort à Villers-Bretonneux, le 3 novembre 1914.

109. ROGER GEORGES, fils de Roger Jean et de Lasne
Jeanne, né aux Bourdelins, le 30 septembre 1882,

époux de Mercier Léonie, demeurant à Sancoins,
32, route de Nevers.

Soldat au 13e régiment d'infanterie, 7e Cie,
classe 1902.

Mort à Nancy, le 2 mai 1915.

110. SANVOISIN PIERRE, fils de Sanvoisin Jacques et
de Parodat Reine, né au Veurdre, le 28 décembre
1880, époux de Chollet Louise, père de Sanvoisin
Marcel et de Sanvoisin Roger, demeurant à Sancoins, rue Saint-Jacques.

Soldat au 5e régiment d'infanterie coloniale,
5e Cie, classe 1900.

Tué au Bois de la Grurie (Marne), le 14 juillet
1915.

111. SARRAZIN CLÉMENT, fils de Sarrazin Louis et de
Verdin Clémence, né à Saint-Cyr (Vienne), le 7
octobre 1886, époux de Rolland Henriette, père
de Sarrazin Clément, de Sarrazin Raymonde et
de Sarrazin Denise, demeurant à Sancoins, 9,
rue de Juranville.

Soldat au 232e régiment d'infanterie, classe
1906.

Tué à Verdun, le 4 janvier 1917.

112. SASSIGNEUX JOSEPH, fils de Sassigneux Charles et
de Viault Marie, né à Grossouvre, le 24 novembre
1881, époux de Blanchard Marie-Louise, père de
Sassigneux Madeleine, demeurant à Sancoins,
rue Juranville.

Soldat au 37e régiment d'artillerie, classe 1901.

Tué à la Forêt de Beaumarais (Aisne), le 21
avril 1917. — Croix de guerre.

113. SASSIGNEUX CHARLES, fils de Sassigneux Charles et
de Viault Marie, né à Sancoins, le 11 juillet 1889,
époux de Jean Blanche, demeurant à Sancoins,
rue Juranville.

Soldat au 134e régiment d'infanterie, 3e Cie,
classe 1909.

Tué à Giriviller (Meurthe-et-Moselle), le 3
septembre 1914.

113 bis. SAINRAT Georges, fils de Sainrat Victor et de Julien Louise, né à La Charité-sur-Loire, le 23 octobre 1897, demeurant à Paris, 8, rue Magenta.

Soldat au 56ᵉ régiment d'infanterie, 6ᵉ Cⁱᵉ, classe 1917.

Tué à l'ennemi au nord-ouest de Moulins-sous-Touvent, le 3 juillet 1918.

Citation à l'ordre du régiment : Très bon soldat qui, en toute circonstance, fit preuve de beaucoup de courage et d'un grand dévouement. Tombé glorieusement en se portant bravement à l'attaque d'une position ennemie.

113 ter. SAINRAT Lucien-Gilbert, frère du précédent, né à La Charité-sur-Loire, le 29 mars 1896, demeurant à Sancoins.

Sergent au 14ᵉ d'infanterie, 5ᵉ Cⁱᵉ, classe 16.

Mort à Verdun, côte 344, au combat du 7 octobre 1917.

Citation à l'ordre de la brigade : Gradé d'un dévouement au-dessus de tout éloge et d'un beau sang-froid. S'est offert comme volontaire pour assurer l'exécution de corvées très périlleuses à maintes reprises, donnant ainsi à tous ses hommes un bel exemple de courage. Croix de guerre.

114. SIGNORET Jean, fils de Signoret Louis et de Guillaumin Marie, né à Sancoins, le 24 juin 1895, demeurant à Sancoins, La Pointe.

Soldat au 279ᵉ régiment d'infanterie, 22ᵉ Cⁱᵉ, classe 1915.

Tué à Ercheu (Somme), le 25 mars 1918. — 1 Citation.

115. SOULAT Fernand, fils de Soulat Jean et de Rayneri Gabrielle, né à Sancoins, le 4 avril 1894, demeurant à Paris, 117, rue du Temple.

Soldat au 26ᵉ régiment d'infanterie, classe 1914.

Tué à Braye-en-Laonnais, le 16 avril 1917.

116. SUREAU Prosper, fils de Sureau Louis, né à Chantilly (Oise), le 9 janvier 1886, époux de Hochereau Amélie, père de Sureau Lucienne, demeurant à Sancoins, route de Véreaux.

Soldat au 85e régiment d'infanterie, classe 1906.

Tué à Sampigny, le 29 octobre 1914.

117. THÉVENIN JEAN-BAPTISTE, fils de Thévenin Louis et de Chaput Juliette, né à Givardon, le 17 juin 1894, demeurant à Sancoins, aux Angerons.

Soldat au 95e régiment d'infanterie, 2e Cie, classe 1914.

Tué au Bois de la Louvière (Meuse), le 1er janvier 1915.

118. TINCE GEORGES, fils de Tince Grégoire et de Raquinet Marie, né à Sancoins, le 11 mars 1897, demeurant à Sancoins, 82, Grande-Rue.

Soldat au 265e régiment d'artillerie, 45e Batterie, classe 1917.

Tué à Bus, le 18 août 1918. — Croix de guerre.

Citation: — Ordre du régiment. S'est distingué comme agent de liaison avec l'infanterie du 16 au 18 avril, apportant des renseignements malgré les barrages ennemis.

119. TOUZELET MAURICE, fils de Touzelet Jules et de Moindrot Julienne, né à Vierzon, le 12 janvier 1892, demeurant à Sancoins.

Soldat au 95e régiment d'infanterie, classe 1912.

Disparu à Blamont, le 15 août 1914.

120. TOURET VICTOR, fils de Touret Jean et de Dumaillet Solange, né à Sancoins, le 25 mars 1896, demeurant aux Lands, commune de Sancoins.

Soldat au 1er régiment d'artillerie, classe 1916.

Mort à Dol-en-Bretagne, le 17 avril 1915.

121. TURQUIS ANTOINE, fils de Turquis Pierre et de Dhouet Gabrielle, né à Sancoins, le 2 juillet 1898, demeurant à Paris, 6, rue Houdon.

Soldat au 414e régiment d'infanterie, 1re Cie de mitrailleuses, classe 1918.

Tué à Saint-Souplet, Champagne, le 29 septembre 1918.

122. **VALENTIN** Luc, fils de Delobel Maria, né à
Sancoins, le 1er décembre 1879, demeurant à
Sancoins, rue de Nevers.

Soldat au 368e régiment d'infanterie, 19e Cie,
classe 1899.

Mort à Bautzen-Touvenot, le 25 février 1915.

123. **VALET** Robert, fils de Valet Louis et de Delhomme
Reine, né à Sancoins, le 22 février 1888, époux de
Andrée Lavaud, père de Valet Simone, demeurant
à Sancoins.

Caporal au 213e régiment d'infanterie, 6e Cie de
mitrailleuses, classe 1906.

Tué au Wustenrunz (Haute-Alsace), le 25 juin
1915. — Croix de guerre.

Citation.—Ordre du régiment. Caporal mitrailleur
très brave et très dévoué, glorieusement tué à son
poste de combat le 25 juin 1915, en faisant tout
son devoir.

124. **VIRMONT** André, fils de Virmont Léon et de Aubrun
Françoise, né à Lurcy-Lévy, le 9 mars 1895, demeurant à Bourisson, commune de Sancoins.

Soldat au 52e régiment d'infanterie, classe 1905.

Disparu à Souain, le 25 septembre 1915.

125. **VIRMOUX** Pierre, fils de Virmoux Jean et de
Duplaix Jeanne, né le 24 août 1877, époux de
Guillemin Françoise, père de Virmoux Pierre,
demeurant à Sancoins, route de Bourges.

Soldat au 160e régiment d'infanterie coloniale,
classe 1897.

Tué à Bosingle-Norvemezel (Belgique), le 5
novembre 1914.

126. **YOKEL** Maurice, fils de Yokel Victor et de Néant
Léontine, né à Saint-Michel-de-Volangis, le 30
septembre 1894, demeurant à Sancoins, route de
Saint-Amand.

Caporal au 29e régiment d'infanterie, 3e Cie de
mitrailleuses.

Tué à Vienne-le-Château, le 25 juin 1917.
Croix de guerre.

Citation. — Très bon gradé, animé du meilleur
esprit et ayant toujours rempli son devoir avec un
dévouement absolu.

Nota. — Deux plaques commémoratives portant les
noms des enfants de Sancoins morts pour la France seront
bénites le dimanche 5 octobre à l'issue de la grand'messe.
M. le curé recevra avec reconnaissance les offrandes qui
lui seront faites pour solder le prix de ces plaques. La liste
des souscripteurs et le montant des souscriptions seront
publiés le jour même de la bénédiction des plaques. Le
surplus des souscriptions, si surplus il y a, sera remis à
M. le Secrétaire de la Section Cantonale des Pupilles de la
Nation.

BOURGES. — IMP. Ve TARDY-PIGELET ET FILS.